Publicado por Creative Education
P.O. Box 227, Mankato, Minnesota 56002
Creative Education es una marca editorial de
The Creative Company
www.thecreativecompany.us

Diseño de The Design Lab
Producción de Dana Cheit
Dirección de arte de Rita Marshall
Traducción de TRAVOD, www.travod.com
Impreso en los Estados Unidos de América

Fotografías de Alamy (John Warburton-Lee Photography, Juniors Bildarchiv GmbH, Panther Media GmbH, Paul Thompson Images, E.D. Torial, travelib prime, A & J Visage), Getty Images (Martin Harvey/Digital Vision), iStockphoto (Enjoylife2, Salzburg13, TheDman, toos), Shutterstock (Ryan M. Bolton, Destinyweddingstudio, Tsepova Ekaterina, Dudarev Mikhail)

Información del Catálogo de publicaciones de la Biblioteca del Congreso is available under PCN 2018930668.
ISBN 978-1-64026-098-6 (library binding)

PLANETA ANIMAL

EL LÉMUR

VALERIE BODDEN

CREATIVE EDUCATION

Los sifacas de Coquerel son mejor conocidos por su manera de saltar

Los lémures son **primates**. Están relacionados con los monos y los simios. Hay más de 100 tipos de lémures. Casi todos los lémures viven en los árboles.

primates mamíferos (animales que tienen pelo o pelaje y alimentan a sus bebés con leche); tienen manos que agarran y un cerebro grande; la mayoría de los primates viven en árboles

La mayoría de los lémures tienen cuerpos delgados, y colas, brazos y piernas largas. Sus fuertes patas traseras los ayudan a saltar. Las manos y los pies acolchados les facilitan trepar a los árboles. El pelaje del lémur puede ser negro, marrón, blanco, gris o rojo.

Los lémures de collar rojo se llaman así por el pelo rojo que rodea sus caras oscuras

¡Los lémures ratón son lo suficientemente pequeños como para caber en la mano! Los indri son los lémures más grandes. Pueden alcanzar tres pies (0.9 m) de largo. Pesan hasta 22 libras (10 kg).

Desde los lémures ratón (arriba) hasta los indri (derecha), los lémures tienen toda una gama de tamaños

Gran parte de Madagascar solía ser boscosa, pero ahora se utiliza para la agricultura

Los lémures sólo viven en Madagascar y las Comoras. Estas son islas de la **costa** este de África. Algunos lémures viven en las selvas tropicales. Otros gustan de los bosques secos. Algunos viven en árboles en las montañas.

costa tierra junto al mar

Los sifacas diademados (derecha) comen plantas y frutas; los lémures ratón gris-marrón (izquierda) también comen insectos

Muchos lémures comen sólo frutas, hojas y nueces. Algunos también comen **insectos**. Otros lémures comen pequeños animales como ranas y polluelos de pájaros.

insectos animales pequeños con cuerpos de tres partes y seis patas

Las madres mordisquean a sus crías para que se bajen de ellas

La mayoría de las lémures madre dan a luz de uno a tres **cachorros** a la vez. Al principio, el cachorro se aferra al vientre de su madre. Después de unas semanas, gatea sobre su espalda. Un cachorro de cinco meses puede trepar a los árboles y buscar su propia comida.

cachorros lémures bebé

Algunos lémures están activos durante el día. Otros prefieren estarlo por la noche. La mayoría de los lémures viven en grupos llamados tropas. Cada tropa es liderada por un lémur hembra. ¡Una tropa puede ser muy ruidosa! Los lémures gruñen, rezongan, maúllan y pian.

Los lémures de collar blanco y negro (arriba) y los lémures de cola anillada (derecha) están activos durante el día

El segundo dedo del pie de un lémur tiene una garra especial y más larga para acicalarse

Los lémures pasan gran parte de su tiempo en los árboles. Saltan de árbol en árbol para encontrar alimento. Se acurrucan juntos para dormir en los árboles. Se sientan en las ramas para **acicalarse** entre sí.

acicalarse limpiar el pelaje para quitarle la suciedad y los bichos

Pocas personas consiguen observar a los lémures en estado salvaje. Muchos han visto lémures en dibujos animados, películas y programas de televisión. Otros han visto lémures en vida real en los zoológicos. ¡A la gente le gusta ver saltar a estos primates de cola larga!

Depende de las personas que viven en Madagascar ayudar a los lémures salvajes a sobrevivir

Una historia del lémur

¿De dónde provienen los lémures? La gente en Madagascar cuenta un cuento al respecto. Un hombre había sido culpado de un crimen que no cometió. Corrió hacia la selva, pero la gente lo persiguió. Los espíritus de la selva querían salvar al hombre. Así que, lo convirtieron en un indri (en la foto). Este indri fue el primer lémur. Se convirtió en el abuelo de todos los lémures.

Índice